왜? 에 답해 주는
어린이 첫 과학책

지구환경이
정말 소중해!

바닷속에는 다양한 생물들이 살고 있어.

많은 동물이 살고 있는 숲을 보호해 줘.

재활용하자!

음~, 맑은 공기를 마시며 달려 보자!

자전거를 타면 에너지를 아낄 수 있어.

네가 좋아하는 동물은 어디에서 살고 있니?

글 카밀라 드 라 베도예르
그림 리처드 왓슨

서울문화사

차례

지구가 아파하고 있다고요? • 6

공기가 뭐예요? • 8

지구를 보호해 줘.

소중한 환경 이야기! • 10

환경을 오염시키는 에너지가 있다고요? • 12

해파리는 왜 점점 많아져요? • 14

놀라운 환경 이야기! • 16

오줌은 어디로 흘러가요? • 18

바나나가 나한테 오기까지 얼마나 이동했을까요? • 20

안녕!

지구를 지키는 엉뚱한 방법! • 22

동물들도 집이 있어요? • 24

우리가 버린 쓰레기는 어디로 가나요? • 26

쓰레기를 줄이는 세 가지 방법이 있다고요? • 28

지구를 지키기 위해 무엇을 하고 있나요? • 30

아직도 궁금한 몇 가지 질문! • 32

퀴즈로 다시 보는 지구 환경 • 34
함께해요! 지구를 보호하는 일! • 36
낱말 풀이, 교과 연계표 • 37
퀴즈 정답 • 38

지구가 아파하고 있다고요?

우리가 지구를 잘 돌보지 않아서
지구가 많이 아파하고 있어요. 우리에게 지구는 소중한 집이고,
수많은 동물과 식물들이 함께 살아가는 곳이에요.

사람들이 쓰레기를 너무 많이 버리고 있어….

자동차에서 나오는 배기가스는 환경을 오염시켜요.

환경을 오염시키는 가스는 냄새가 심하고, 우리 건강에 좋지 않지요.

우리 주위의 모든 것을 '환경'이라고 해. 내가 사는 자연환경은 주로 대나무 숲이지.

사람들 때문에 자연환경이 *훼손되고 있어.

우리가 살 수 있도록 자연환경을 보호해 줘!

*훼손: 헐거나 깨뜨려 못 쓰게 만듦.

지구에는 얼마나 많은 사람이 살고 있어요?

우리가 살고 있는 지구에는 79억 명이 넘는 사람들이 살고 있어요.
이렇게 많은 사람이 살고 있는 지구가 건강하게 보존될 수 있도록 우리가 해야 할 일이 있어요.
우리 함께 지구를 지킬 수 있는 방법을 살펴보아요!

소중한 환경 이야기!

이산화탄소

식물은 **이산화탄소**를 흡수하고 **산소**를 내뿜는 아주 고마운 일을 해요! 그래서 지구에는 숲, 들판, 공원이 꼭 필요해요.

산소

대기가 없었다면, 숨을 쉴 수 있는 공기도 없었을 거예요. 그리고 지구의 평균 온도는 영하 6도(°C)로 엄청 추웠겠지요!

전 세계에는 10억 마리가 넘는 **소**가 있어요. 이렇게 많은 소들이 방귀를 뀌고 트림을 할 때 온실가스가 만들어진다고 해요.

지구는 태양과의 거리가 너무 멀지도, 너무 가깝지도 않아서 사람이 살기에 **알맞은 온도**가 유지돼요.

나무를 심으면 지구의 대기를 깨끗하게 지킬 수 있어요. 가장 나이가 많은 나무는 5천 살이 넘었다고 해요.

과학자들이 지난 100년 동안 지구가 얼마나 더웠었는지 조사해 보았어요. 그런데 2010년 이후로 **가장 더웠던 해**가 다섯 번이 넘었다고 해요. 지구가 점점 더워지고 있다는 것을 알 수 있었지요.

나무는 비누, 샴푸, 고무장갑, 초콜릿, 종이, 옷, 약 등 다양한 물건을 만드는 데 필요한 재료로 쓰여요. 이렇게 우리 생활에서 많이 쓰이는 나무를 자르고 나면, 꼭 새로 심어야 한답니다.

꽃이나 나무를 심어 친구에게 **선물**해요. 지구를 깨끗하게 지킬 수 있는 좋은 선물이에요!

전 세계에 있는 **자동차**를 몽땅 한 줄로 쭉 늘어놓으면, 지구를 40바퀴 넘게 돌 수 있대요! 이 자동차들이 전부 지저분한 배기가스를 내뿜는다고 생각해 보세요. 숨도 제대로 쉴 수 없겠지요?

기차는 비행기보다 우리 몸에 해로운 가스를 적게 배출해요. 친환경적인 운송 수단이지요.

우리는 바다에서 너무 많은 **물고기**를 잡고 있어요. 고기잡이에 쓰이던 낚시 그물이 바다에 버려져 떠돌아다니기도 해요. 이런 낚시 그물에 물고기가 걸려서 목숨을 잃기도 한답니다.

환경을 오염시키는 에너지가 있다고요?

석유, 가스, 석탄 등은 우리 생활에서 *유용하게 쓰이는 '화석 연료'예요. 하지만 이런 화석 연료는 많은 온실가스를 만들기 때문에 환경을 오염시킨다는 단점이 있어요.

*유용하다: 쓸모가 있다.

오염은 환경을 더럽게 하는 나쁜 일이야.

석유, 가스, 석탄은 아주 오래전에 죽은 동물과 식물들로 만들어졌어요. 깊은 땅속에 있어서 '화석 연료'라고 불러요.

화석 연료를 태우며 생기는 매연은 대기(공기) 오염의 원인이 되기도 해요.

이 발전소는 석탄을 태워서 에너지를 만들고 있어요.

자전거로 어떻게 지구를 구해요?

자전거 타기, 스케이트보드 타기, 걷기는 환경을 보호할 수 있는 이동 방법이에요.
1킬로미터(㎞)는 자전거로 약 4분, 스케이트보드로 약 6분, 걸어서 약 15분 만에 갈 수 있어요.

이 자전거 전용 도로는 태양 전지판으로 만들어졌어. 태양 전지란 태양의 빛에너지를 전기로 바꾸는 장치를 말해.

태양 전지판

해파리는 왜 점점 많아져요?

전 세계의 바닷물이 점점 따뜻해지면서 해파리의 수가 늘어나고 있어요. 해파리는 따뜻한 물을 정말 좋아하거든요. 그런데 해파리의 수가 늘어나면서 물고기들이 위험에 빠지고 있다고 해요. 왜냐하면 해파리가 물고기를 잡아먹기 때문이에요.

우리 물개들은 주로 물고기를 잡아먹어. 그런데 해파리들이 늘어나면서 물고기가 점점 줄어들어서 우리가 먹을 게 없어지고 있어.

화려했던 우리 집이 왜 하얗게 변했을까요?

산호

산호가 쌓여 만들어진 지형인 산호초는 깨끗하고 따뜻한 물이 있어야 살 수 있어요. 물이 너무 뜨겁거나 더러우면, 산호가 죽어서 화려했던 산호초가 하얗게 변해 버려요.

놀라운 환경 이야기!

80개가 넘는 여러 나라에서 이미 풍력 발전을 이용해 전기를 만들고 있다고 해요.

나무젓가락을 자주 사용하는 어느 나라에서는 매년 약 **90,000**톤(t)의 나무젓가락이 버려지고 있다고 해요. 나무젓가락을 재활용할 수 있는 방법을 함께 생각해 볼까요?

음료수 캔 1개를 재활용하면 **4**시간 정도 텔레비전을 볼 수 있는 에너지를 얻을 수 있어요.

지구 깊숙한 곳에는 뜨거운 열이 매우 많아서, **1,000,000**년 동안 충분히 쓸 수 있는 에너지를 얻을 수 있다고 해요.

실내를 환하게 밝혀 주는 전구가 에너지를 절약하는 전구인지 꼭 확인해요. 엘이디(LED) 전구는 일반 전구보다 전기를 덜 사용하면서도 더 오래 사용할 수 있어요.

640

잔디에 자동으로 물을 뿌려 주는 스프링클러는 1시간에 약 640리터(L)의 물을 써요. 스프링클러 대신 물뿌리개를 사용하면 물을 절약할 수 있지요.

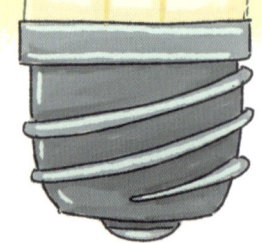

오줌은 어디로 흘러가요?

우리가 집에서 사용하고 버리는 물은 모두 땅속에 있는 관으로 흘러내려 가요. 이 관을 '하수도'라고 부르지요.
우리가 사용하고 버리는 물이 어디로 가는지 살펴보아요.

욕실에서는 어떻게 물을 적약해요?

목욕보다는 짧은 시간에 샤워를 하는 게 물을 적약할 수 있어요. 욕조에 물을 받아서 목욕을 하면 5분 동안 샤워를 하는 것보다 2~3배 정도 물을 많이 쓰게 돼요. 샤워를 할 때에는 샴푸나 비누칠을 하는 동안 수도꼭지를 잠그기에 놓이요.

이(치아)를 닦는 동안에도 수도꼭지를 잠그면 물을 아낄 수 있어요.

하수도에 버려지는 깨끗한 빗물을 모아 청소를 할 때 사용하기도 해요.

으, 지독한냄새!

우리가 쓰고 버린 물은 하수도를 따라 이동해요. 더러워진 물을 깨끗하게 만들면 다시 쓸 수 있지요.

바나나가 나한테 오기까지 얼마나 이동했을까요?

식품이 자란 곳에서 사람들이 먹는 곳까지 이동한 거리를 '푸드 마일'로 측정해요.

1 바나나가 모두 자라면 트럭을 타고 배로 이동해요.

이동 거리 약 80킬로미터(km)

2 그리고 배를 타고 바다를 건너요.

이동 거리 약 8,000킬로미터

3 화물차를 타고 슈퍼마켓으로 이동해요.

이동 거리 약 112킬로미터

4 우리가 바나나를 사서 차에 싣고 집으로 와요.

이동 거리 약 8킬로미터

5 바나나와 함께 자전거를 타고 학교에 가요.

푸드 마일이 클수록 먼 지역에서 온 식품이야.

이동 거리 약 3킬로미터

음식물 쓰레기가 에너지로 바뀐다고요?

음식물이 썩으면 메탄가스가 발생해요.
이 메탄을 모아서 요리를 하거나
집을 따뜻하게 하는 에너지로 쓸 수 있어요.

1 가정, 슈퍼마켓, 식당 등에서 나오는 음식물 쓰레기를 모아요.

2 음식물 쓰레기는 산소가 닿지 못하도록 *밀폐된 특수 탱크로 들어가요.

3 쓰레기가 잘게 부숴지면서 메탄이 생겨요.

4 쓰레기에서 발생한 메탄은 *발전기를 돌리는 데 에너지로 쓰여요.

5 발전기가 돌아가면서 만들어진 전기가 집에 공급되어요.

내 똥에서도 메탄을 모을 수 있어!

*밀폐: 샐 틈이 없이 꼭 막거나 닫음.
*발전기: 전기를 얻는 장치.

우리도 식물을 키울 수 있나요?

그럼! 마당에서 직접 과일과 채소를 키워 봐. 직접 키운 과일이나 채소에는 푸드 마일이 없어.

우리 집 마당에 심은 나무가 잘 자라도록 퇴비(거름)를 줬어. 고마워, 지렁이야!

지렁이가 쓸모 있다고요?

지렁이는 사람이 먹다 남은 음식이나 채소 껍질 등을 우적우적 먹어 치워. 지렁이의 배설물이 섞인 흙은 훌륭한 거름이 되지.

지구를 지키는 엉뚱한 방법!

물을 아끼기 위해 강아지와 함께 **목욕**을 할까요, 아니면 **샤워** 시간을 10초로 줄일까요?

하나! 둘!

오래된 장난감을 **중고품 가게**에 기부할까요, 아니면 친구와 **교환**할까요?

날씨가 너무 추울 땐 어떻게 하면 좋을까요? 제자리에서 **뛰면서** 몸을 따뜻하게 할까요, 아니면 두꺼운 **털옷**을 잔뜩 껴입을까요?

퇴비 더미에서 **썩은 음식**을 먹는 지렁이가 되고 싶나요, 아니면 **코끼리 똥**을 먹는 쇠똥구리가 되고 싶나요?

끄응~

동물들도 집이 있어요?

동물들은 숲이나 풀밭, 강, 사막 등 자신에게 알맞은 곳에 자리를 잡고 살아요. 이렇게 동물들이 사는 곳을 '서식지'라고 하지요. 동물들의 서식지가 파괴된다면, 살 곳을 잃은 동물들이 지구에서 영영 사라져 버릴 수도 있답니다.

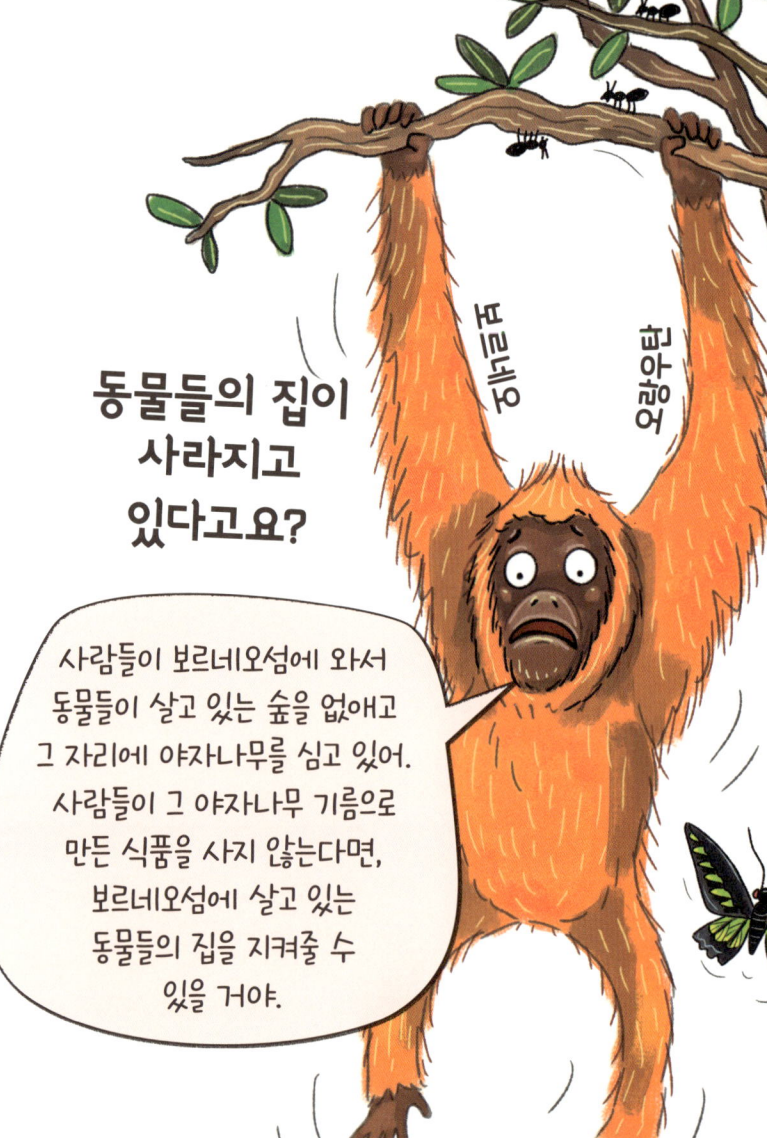

동물들의 집이 사라지고 있다고요?

사람들이 보르네오섬에 와서 동물들이 살고 있는 숲을 없애고 그 자리에 야자나무를 심고 있어. 사람들이 그 야자나무 기름으로 만든 식품을 사지 않는다면, 보르네오섬에 살고 있는 동물들의 집을 지켜줄 수 있을 거야.

벵골호랑이

동물들의 서식지를 어떻게 지켜 줄 수 있나요?

야생 동물의 서식지를 망가트려서 만든 물건이나 식품을 사지 않는다면 동물들의 집을 지켜 줄 수 있어요. 동물들의 서식지를 지키기 위해 활동하는 '야생 동물 보호 단체'의 활동을 위해 돈을 기부하는 것도 좋은 방법이랍니다.

야생 동물 서식지를 보호하기 위해 기부금을 모으려고 조용히 돕고 있어요.

왜 멸종하게 되었나요?

멸종이란, 어떤 종류의 동물이나 식물이 모두 죽어서 더 이상 지구에 하나도 남지 않는 걸 말해요. 사람들이 자연을 훼손하고 환경을 오염시켜서 지구의 많은 동물과 식물이 멸종되고 있지요.

열대 우림이 왜 중요해요?

열대 우림은 엄청나게 많은 동물과 식물이 살고 있는 매우 소중한 곳이야. 그런데 사람들이 열대 우림 지역의 땅을 활용하기 위해 나무를 태워서 없애기도 해. 그러면 이산화탄소가 발생해서 대기가 나빠지고 동물과 식물의 서식지가 사라지지.

말레이곰

멸종되고 있어요…….
철갑상어의 알은 매우 비싸서 '블랙 다이아몬드'라고 불려요. 사람들이 이 알을 얻기 위해 철갑상어를 마구 잡아서, 멸종 위기에 놓여 있지요.

멸종되고 있어요…….
코뿔소의 뿔을 얻으려는 사람들 때문에 코뿔소가 목숨을 잃고 있어요.

멸종되었어요.
황금두꺼비는 지구 온난화 같은 기후 변화 때문에 멸종되었다고 해요.

우리가 버린 쓰레기는 어디로 가나요?

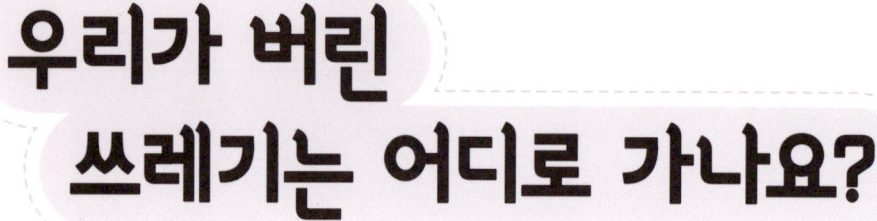
비단거북

우리는 쓰레기를 버릴 때 종류별로 분류해서 다른 쓰레기통에 버려요. 어떤 쓰레기는 땅에 묻히거나 태워지는데, 이 방법은 환경에 나쁜 영향을 줘요. 우리는 생활 속에서 쓰레기를 줄이기 위해 많이 노력해야 한답니다.

어떤 쓰레기는 절대로 썩지 않아. 수백 년, 수천 년이 지나도 땅속에 계속 남아 있지.

쓰레기 매립지가 뭐예요?

쓰레기를 땅속에 파묻는 장소를 '쓰레기 매립지'라고 해요. 쓰레기가 썩으면 악취가 나면서 메탄가스가 나오는데, 메탄은 이산화탄소보다 우리 몸에 더 해로워요.

쓰레기장이 공원이 되었다고요?

미국에 있는 프레시킬스 공원은 한때 세계에서 가장 큰 쓰레기 매립지였어요. 하지만 지금은 공원으로 바뀌어서 메뚜기참새, 물수리 등 200종이 넘는 동물이 살고 있지요. 우리나라 서울에 있는 월드컵공원도 쓰레기 매립지를 공원으로 만든 거예요.

쓰레기를 태우면 어떻게 돼요?

커다란 오븐처럼 생긴 '소각로'에서 쓰레기가 활활 타고 있어요! 이곳은 쓰레기를 태워서 없애는 곳이에요. 쓰레기를 태우면 오염 물질이 많이 나와서 우리 몸에 해로워요.

버려지는 깡통을 모아서 재활용하면 자전거를 만들 수 있어!

쓰레기를 줄이려면 어떻게 해야 할까요?

버리는 물건을 재사용하거나 다른 물건으로 변형하여 사용하면 쓰레기를 줄일 수 있어요. 오늘부터 버리는 물건을 어떻게 재활용할 수 있을지 생각해 보세요. 다음 장에서 쓰레기를 줄이려면 어떻게 해야 하는지 좀 더 알아보아요.

쓰레기를 줄이는 세 가지 방법이 있다고요?

쓰레기를 줄이기 위해 우리 모두 '3R 운동'을 실천해요!
3R 운동은 줄이고(Reduce), 재사용하고(Reuse), 재활용하는(Recycle) 거예요.

줄이기 (Reduce)
일회용품 사용을 줄이면 쓰레기를 줄일 수 있어요. *가축이 메탄가스를 내뿜기 때문에 고기를 적게 먹으면 온실가스를 줄일 수 있지요.

재사용 (Reuse)
한 번 사용한 종이를 여러 번 사용하면 나무를 적게 베고, 숲을 지킬 수 있어요. 싫증 난 장난감은 친구와 서로 교환해요.

재활용 (Recycle)
페트병이나 우유갑을 재활용해 화분 같은 물건을 만들어 보세요. 재활용을 하면 에너지도 절약하고 쓰레기도 줄일 수 있지요.

*가축: 소, 돼지, 닭 등의 집에서 기르는 짐승.

지구를 지키기 위해 무엇을 하고 있나요?

전 세계의 많은 사람들이 지구를 지키기 위해 어떤 노력을 하고 있는지 알아보아요.

'환경 보존'이 뭐예요?
환경 보존이란 자연에서 중요한 곳들을 안전하고 깨끗하게 지키는 일이에요.

나는 세계 최대의 산호초 지역인 '그레이트 배리어 리프'를 돌보고 있어. 이곳에 사는 다양한 생물들을 사람들에게 소개하는 일도 하지.

우리는 지구를 위해 우리가 사용한 만큼의 나무를 새로 심고 있어.

태양광 발전소가 뭐예요?

태양광 발전소는 햇빛을 이용해 전기를 만드는 곳이에요. 여러 개의 태양 전지판을 이용해 햇빛을 모아서 전기로 바꾸지요.

세계에서 가장 큰 태양광 발전소는 더운 지역에 있어. 2백만 개가 넘는 태양 전지판이 전기를 만들고 있지.

나는 태양 전지판을 청소하는 청소기야! 태양 전지판이 지저분해지면 내가 태양 전지판을 깨끗이 청소해 줘.

난 아마존 열대 우림에 살아. 우리 아이들도 이곳에서 안전하고 행복하게 살 수 있도록, 자연환경을 소중하게 돌보고 있어.

나는 남극 대륙에서 이곳의 환경과 펭귄을 연구하고 있어.

우리는 오두 지구를 지키기 위해 노력할 수 있어요!

아직도 궁금한 몇 가지 질문!

새에게 먹이를 줄 수 있을까요?

추운 겨울에는 야생에 사는 새들이 먹을 열매가 부족해져요. 이때 새 모이를 사서 통에 담아 나무에 매달아 놓으면 새들을 도울 수 있지요. 하지만 다른 때는 생태계를 파괴할 수 있으므로 주의해야 해요.

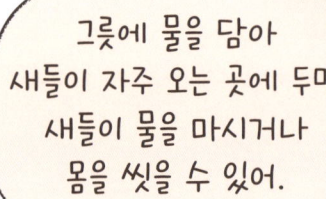

그릇에 물을 담아 새들이 자주 오는 곳에 두면 새들이 물을 마시거나 몸을 씻을 수 있어.

플라스틱을 줄이려면 어떻게 해야 할까요?

플라스틱 제품을 사기 전에 그 제품을 대체할 수 있는 것이 있는지 다시 한번 생각해 보세요. 예를 들어 플라스틱 통에 담겨 있는 물비누 대신 종이에 포장되어 있는 고체 비누를 사는 것처럼요.

자연을 위해 무엇을 할 수 있을까요?

꽃을 꺾거나 동물이 사는 집을 만지지 말고, 식물과 동물은 눈으로만 보아요. 쓰레기는 버리지 말고 집으로 가지고 와요.

오래된 옷은 어떻게 하면 좋을까요?

옷도 재활용할 수 있어요. 인형 옷을 만들거나 잘라서 걸레로 쓸 수 있지요. 중고품 가게에 기부할 수도 있어요.

탄소 발자국이 뭐예요?

탄소 발자국이란, 우리가 일상생활 속에서 만들어 내는 온실가스의 양을 말해요. 특히 이산화탄소의 양을 말하지요. 자동차를 타는 대신 걷거나, 엘리베이터를 이용하는 대신 계단을 이용하면 탄소 발자국도 줄이고 지구를 지킬 수 있어요.

선물을 직접 만들면 지구를 지킬 수 있다고요?

선물을 직접 만드는 일은 물건을 재사용하는 가장 좋은 방법이에요. 오래된 종이로 책갈피를 만들거나 선물을 포장할 수 있어요.

지구를 지키는 선물이 있다고요?

바로 식물이에요! 직접 씨앗을 심고 정성껏 키워 다른 사람에게 선물해 보세요.

동물 서식지를 만들 수 있어요?

그늘진 곳에 통나무, 나뭇가지, 나뭇잎을 잔뜩 쌓아 놓아요. 그러면 벌레나 작은 동물들이 집을 지을 거예요.

물물 교환 상점이 뭐예요?

물건을 서로 교환할 수 있는 상점이에요. 오래된 장난감이나 다 읽은 책을 다른 사람들과 교환해 보세요!

퀴즈로 다시 보는 지구 환경

★ 정답은 38쪽에 있어요!

① **그림의 OO에 들어갈 알맞은 말은?**

💡 **힌트** 1) 사람이나 동식물의 호흡에 필요한 것
2) 대기 중에 질소 다음으로 많은 기체

(   )

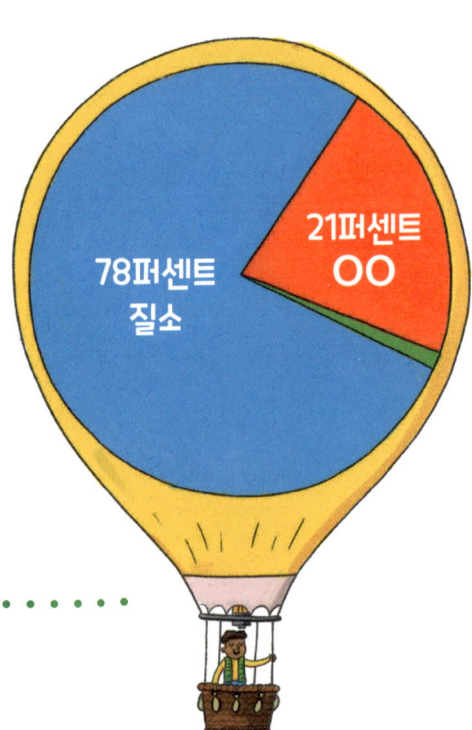

② **무엇에 대한 설명일까요?**

이것은 우리 생활 속에서 비누, 샴푸, 종이 등 다양한 물건을 만드는 데 쓰여요.
이것을 자르고 나면 꼭 새로 심어야 해요.

(   )

③ **에너지를 아끼는 방법이 아닌 것은?** (   )

① 빨래는 건조기를 사용하지 말고 실외에서 말려요.
② 추운 날, 실내에서는 얇은 옷을 입고 난방 온도를 높여요.
③ 방에 사람이 없을 땐 불을 꺼 두어요.
④ 가까운 거리는 걷거나, 자전거를 타고 이동해요.

4 설명을 읽고 맞으면 O, 틀리면 X 하세요.

① 플라스틱 빨대 대신 종이 빨대를 사용하면 환경 보호에 도움이 된다. (　　)
② 일회용 비닐봉지 대신 천 가방을 사용하면 환경 보호에 도움이 된다. (　　)
③ 바다, 산에 가면 쓰레기를 아무 데나 버려도 된다. (　　)

5 초성 퀴즈를 맞혀 보세요.

식품이 자란 곳에서 사람들이 먹는 곳까지 이동한 거리를  로 측정해요.

(　　　　　)

6 다음 중 분리수거 쓰레기가 아닌 것은? (　　)

① 페트병　② 캔　③ 유리병　④ 고무줄

7 다음 (　) 안에 공통으로 들어갈 말은 무엇일까요? (　　　)

① 코끼리, 코뿔소, 캥거루의 (　) 은 종이를 만드는 데 쓸 수 있어요.
② 라마의 (　) 은 불을 피우는 데 쓸 수 있어요.
③ 하수 처리장에 모인 (　) 은 비료로 만들 수 있어요.

함께해요! 지구를 보호하는 일!

나는 꽃이나 나무를 심는다면 (　　　)를 심고 싶어요.

나는 지구의 환경을 보호하기 위해 (　　　)를 했어요.

나는 더 이상 사용하지 않는 (　　　)을 친구와 교환했어요.

나는 쓰레기를 재활용해서 (　　　)을 만들었어요.

바다의 환경을 보호하기 위해 내가 할 수 있는 일은 무엇일까요? (　　　　　　)

낱말 풀이

공기 지구를 둘러싸고 있는 대기권 중 하층 부분의 투명한 기체.

대기 지구 주위를 둘러싸고 있는 기체(공기).

매연 연료가 탈 때 나오는 그을음 섞인 연기.

메탄 색, 냄새가 없는 기체. 천연적으로는 늪이나 습지의 흙 속에서 유기물의 부패에 의하여 생김.

멸종 생물의 한 종류가 아주 없어짐.

물물 교환 물건과 물건을 바꾸는 일.

서식지 생물이 일정한 곳에 자리를 잡고 사는 곳.

소각로 쓰레기나 폐기물 따위를 태워 버리는 시설물.

수력 발전 물의 힘을 이용하여 전기를 만드는 방법.

쓰레기 매립지 쓰레기를 땅에 묻는 장소.

오염 더럽게 물듦. 또는 더럽게 물들게 함.

온실 효과 지구의 대기가 태양에서 온 열이 지구 밖으로 빠져나가지 않도록 열을 가두는 것.

온실가스 지구 대기를 오염시켜 온실 효과를 일으키는 이산화탄소, 메탄 따위의 가스.

재사용 한번 사용한 제품을 그대로 다시 사용하는 것.

재활용 쓰레기를 다시 쓸 수 있게 용도를 바꾸는 과정.

지구 땅과 바다로 이루어져 있는 우리가 살고 있는 행성.

지열 발전 땅속에서 나오는 수증기나 더운물을 이용하여 전기를 만드는 방법.

친환경 자연환경을 오염시키지 않고 자연 그대로의 환경과 잘 어울리는 일.

탄소 발자국 일상생활 속에서 만들어 내는 온실가스(특히 이산화탄소)의 양.

태양 전지 태양의 빛에너지를 전기로 바꾸는 장치.

퇴비 풀, 짚 또는 가축의 배설물 따위를 썩힌 거름. 친환경적 비료.

푸드 마일 먹을거리가 생산지에서 소비자의 식탁에 오르기까지의 이동 거리.

풍력 발전 바람의 힘을 이용하여 전기를 만드는 방법.

하수 처리장 더러운 물을 깨끗이 재생시키는 시설.

화석 연료 오래전 생물이 땅속에 묻혀 화석같이 굳어져 오늘날 연료로 이용하는 물질.

교과 연계표

학년	연계 교과	내용
3~5세	누리과정	자연탐구
초등 1학년	여름	에너지 절약
초등 5학년	과학	생물과 환경

퀴즈 정답

퀴즈로 다시 보는 지구 환경

★ 정답은 38쪽에 있어요!

① 그림의 ○○에 들어갈 알맞은 말은?

💡 힌트 1) 사람이나 동식물의 호흡에 필요한 것
2) 대기 중에 질소 다음으로 많은 기체

(**산소**)

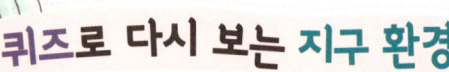

② 무엇에 대한 설명일까요?

이것은 우리 생활 속에서 비누, 샴푸, 종이 등 다양한 물건을 만드는 데 쓰여요.
이것을 자르고 나면 꼭 새로 심어야 해요.

(**나무**)

③ 에너지를 아끼는 방법이 아닌 것은? (②)

① 빨래는 건조기를 사용하지 말고 실외에서 말려요.
② 추운 날, 실내에서는 얇은 옷을 입고 난방 온도를 높여요.
③ 방에 사람이 없을 땐 불을 꺼 두어요.
④ 가까운 거리는 걷거나, 자전거를 타고 이동해요.

④ 설명을 읽고 맞으면 O, 틀리면 X 하세요.

① 플라스틱 빨대 대신 종이 빨대를 사용하면 환경 보호에 도움이 된다. (**O**)
② 일회용 비닐봉지 대신 천 가방을 사용하면 환경 보호에 도움이 된다. (**O**)
③ 바다, 산에 가면 쓰레기를 아무 데나 버려도 된다. (**X**)

⑤ 초성 퀴즈를 맞혀 보세요.

식품이 자란 곳에서 사람들이 먹는 곳까지 이동한 거리를 ㅍ ㄷ ㅁ ㅇ 로 측정해요.

(**푸드 마일**)

⑥ 다음 중 분리수거 쓰레기가 아닌 것은? (④)

① 페트병 ② 캔 ③ 유리병 ④ 고무줄

⑦ 다음 ( ) 안에 공통으로 들어갈 말은 무엇일까요? (**똥**)

① 코끼리, 코뿔소, 캥거루의 ( )은 종이를 만드는 데 쓸 수 있어요.
② 라마의 ( )은 불을 피우는 데 쓸 수 있어요.
③ 하수 처리장에 모인 ( )은 비료로 만들 수 있어요.